Axel Scheffler · Martine Oborne

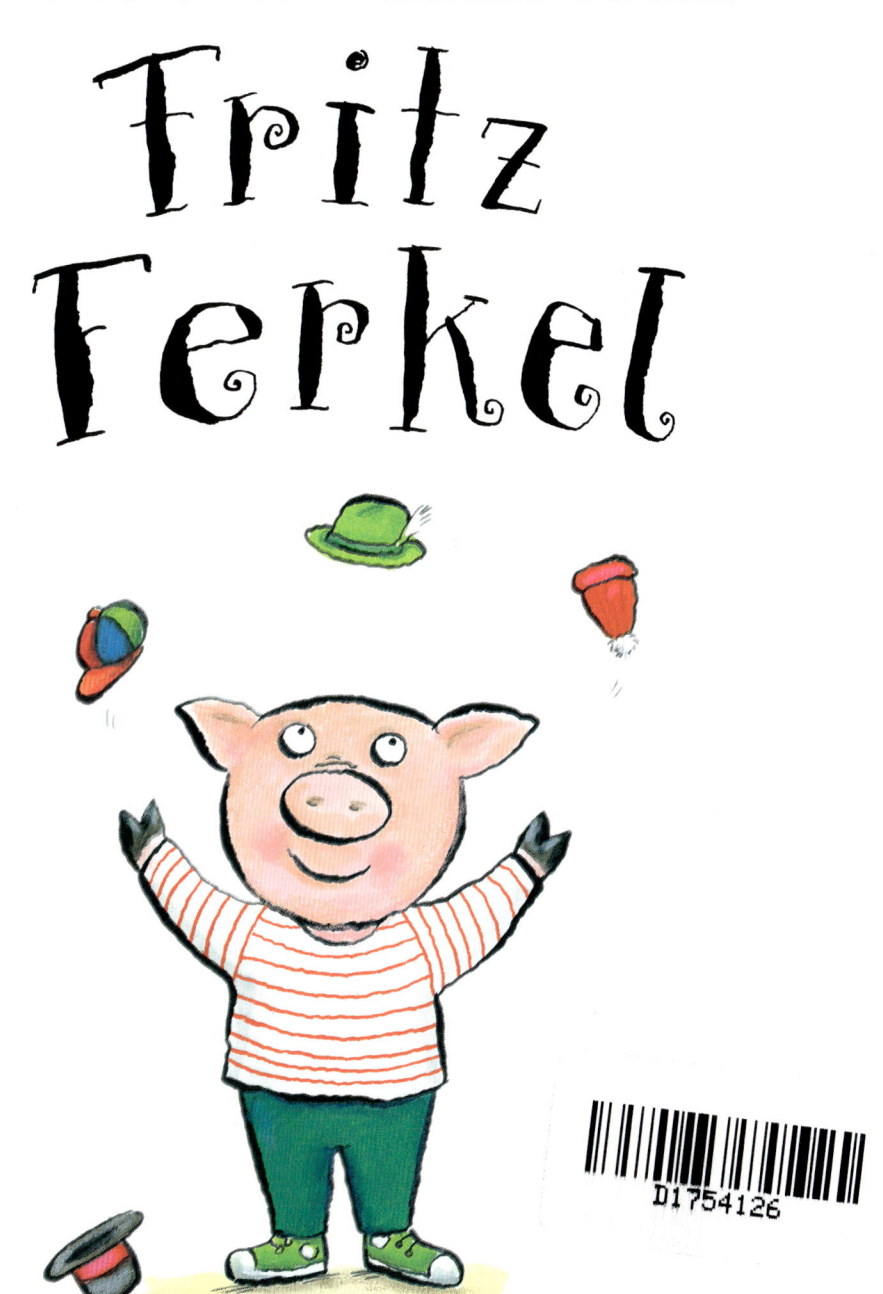

Fritz Ferkel

Aus dem Englischen von Salah Naoura

BELTZ & Gelberg

Fritz Ferkel liebte Hüte über alles. Er hatte …

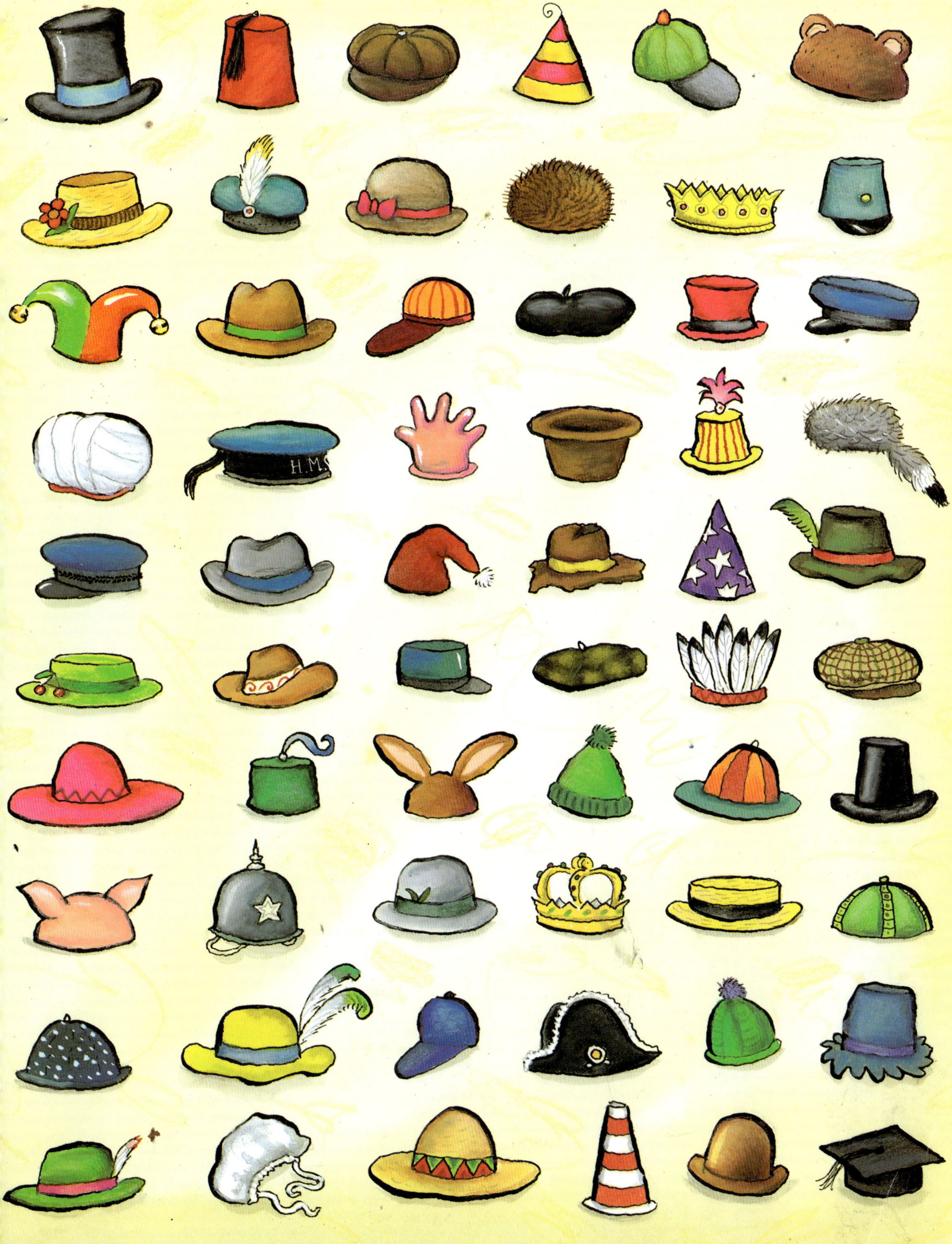
H.M.S

Axel Scheffler, geb. 1957 in Hamburg, lebt als Illustrator in London. Bei Beltz & Gelberg erschienen viele seiner Bilderbücher, von denen die meisten in Zusammenarbeit mit Julia Donaldson entstanden sind. Weltberühmt ist der *Grüffelo,* der mit dem renommierten britischen Smarties-Preis ausgezeichnet wurde.

Martine Oborne, geboren 1957, studierte in Oxford, war Direktorin einer Bank, Leiterin einer Kindertagesstätte und betreibt heute zwei Geschenkläden für Kinder. Sie lebt mit ihrem Mann und ihren vier Kindern in London.

www.beltz.de
© 2008, 1996 Beltz & Gelberg
in der Verlagsgruppe Beltz · Weinheim Basel
Alle Rechte der deutschsprachigen Ausgabe vorbehalten
Die Originalausgabe erschien erstmals 1996 unter dem Titel *Juice the Pig.*
2007 Neuausgabe unter dem Titel *Hamilton's Hats*
bei Macmillan Children's Books, London
Bilder © 2007, 1996 Axel Scheffler,
Text © 2007, 1996 Martine Oborne
Einband Axel Scheffler
Aus dem Englischen von Salah Naoura
Neue Rechtschreibung
Satz: Renate Rist, Lorsch
Printed in China
ISBN 978-3-407-79368-3
1 2 3 4 5   12 11 10 09 08

große Hüte   kleine Hüte   hohe Hüte

Schlapphüte   Streifenhüte   Federhüte

und passende Hüte für hier und da und dies und das.
Er hatte sogar so viele Hüte, dass alle deine Finger und Zehen nicht reichen, um sie zu zählen.

Fritz Ferkels Mutter machte sich ernsthaft Sorgen, wenn sie ihn mit seinen vielen Hüten sah.

»Fritz Ferkel«, sagte sie, »was soll bloß aus dir werden? Du musst noch viel im Leben lernen, aber dazu brauchst du bestimmt keine Hüte!«

Fritz Ferkel hörte überhaupt nicht zu. Er musste seinen Hut

hochschieben, verrücken,

lüften, geradeziehen

und was man sonst noch so mit Hüten tun kann.

Eines Tages, als Fritz Ferkel spazierenging, traf er eine Giraffe. Fritz Ferkel hatte einen wippenden, wackelnden Hoch-wie-ein-Turm-Hut auf.
»Mit meinem Hut bin ich fast so groß wie du!«, rief er stolz zur Giraffe hinauf.

Die Giraffe schnaubte, schnappte – sssssst –

nach dem Hut und setzte ihn sich auf den Kopf.

»Mmmh, o ja, wirklich ein schöner Hut! Den würde ich gern behalten«, sagte sie seelenruhig und kümmerte sich gar nicht um Fritz Ferkel, der ganz aufgeregt unten stand.

»Aber wenn du deinen Hut wiederhaben willst und geschickt genug bist, musst du meinen langen, langen Hals hochklettern und ihn dir holen!«
Fritz Ferkel sah die langen, langen Giraffenbeine und den langen, langen Giraffenhals hinauf.

Für kleine Schweine ist Klettern gar nicht so einfach, aber Fritz Ferkel wollte seinen Hut unbedingt wiederhaben. Also beschloss er, es zu tun.

Es war schlimm. Die Giraffe wackelte dauernd, denn Fritz Ferkel kitzelte sie so.

Aber Fritz Ferkel war wirklich geschickt, also bekam er seinen Hut.

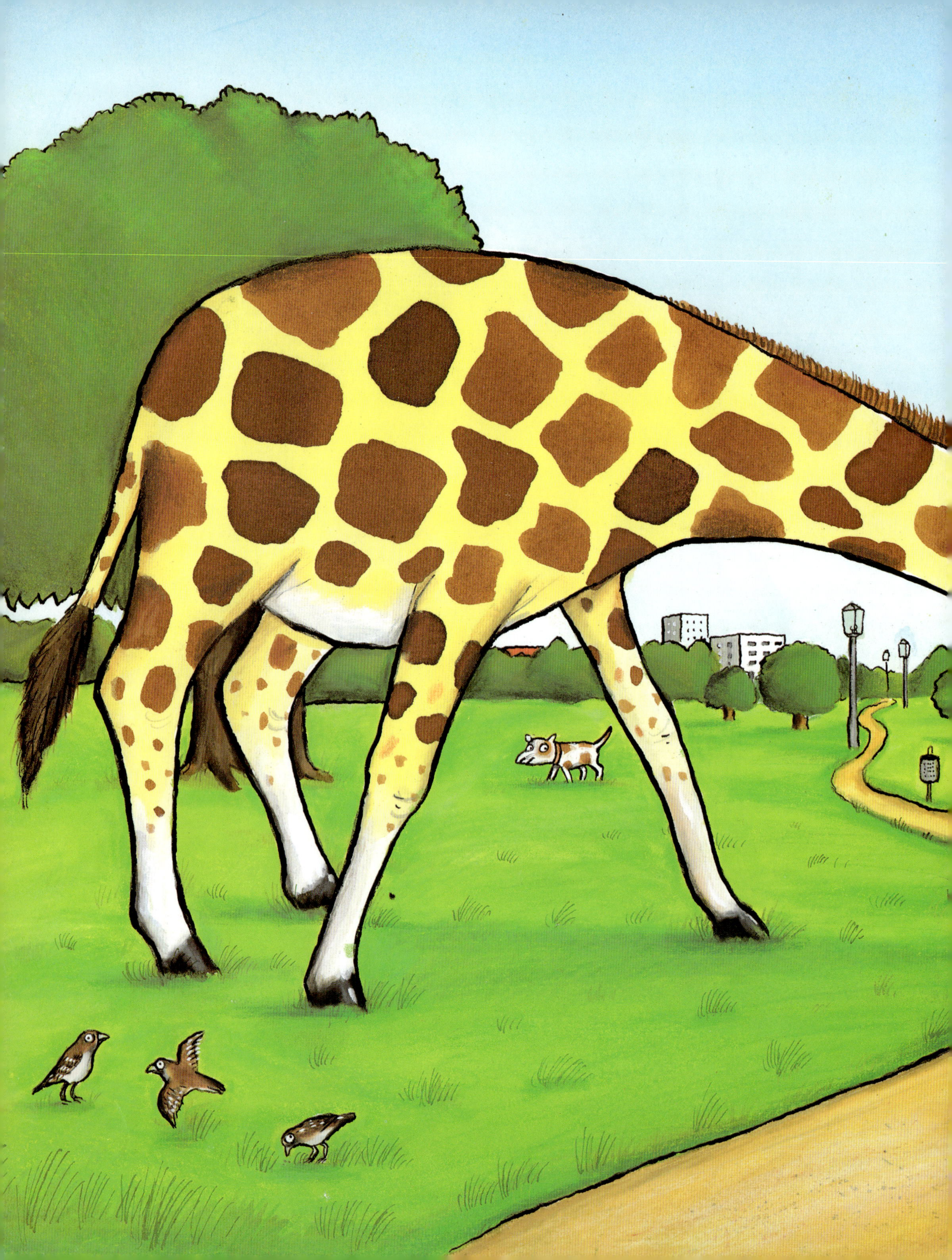

»Jippiih!«, rief er, rutschte den Giraffenhals hinunter und landete mit einem Bums auf dem Boden. »Ich bin ein ganz schön geschicktes Schwein, und ich habe meinen Hut wieder!«

Am nächsten Tag, als Fritz Ferkel spazierenging, begegnete er einem Krokodil.

Fritz Ferkel hatte einen bissigen, gefährlichen Schnapp-und-ab-Hut auf.
»Mit meinem Hut bin ich fast so gefährlich wie du!«, sagte er stolz.

Das Krokodil gähnte,

und mit Geschlabber und Geschlürf

verschwand der Hut in seinem Maul.

»Mmmh, o ja, wirklich ein leckerer Hut! Den würde ich gern zum Abendbrot fressen«, schmatzte es und kümmerte sich gar nicht um Fritz Ferkel, der langsam ärgerlich wurde. »Aber wenn du deinen Hut wiederhaben willst und mutig genug bist, musst du in mein hungriges, hungriges Maul steigen und ihn dir holen!«

Fritz Ferkel sah   das hungrige,   und die spitzen,
hungrige Maul   spitzen Zähne.

Für kleine Schweine ist es gar nicht so einfach, in Krokodilmäuler zu steigen, aber Fritz Ferkel wollte seinen Hut unbedingt wiederhaben. Also beschloss er, es zu tun.

Es war schrecklich. Das Krokodil leckte sich die ganze Zeit das Maul, denn Fritz Ferkel schmeckte bestimmt sehr gut.
Aber Fritz Ferkel war wirklich mutig, also bekam er seinen Hut.

»Hurra!«, rief er, sprang dem Krokodil von der Zunge und rannte davon, so schnell er konnte. »Ich bin ein ganz schön geschicktes und mutiges Schwein, und ich habe meinen Hut wieder!«

Am nächsten Tag, als Fritz Ferkel spazierenging,
wurde er von einer Affenbande umzingelt.
Fritz Ferkel hatte einen kugeligen, hüpfenden
Fang-den-Hut auf.
»Mit meinem Hut bin ich fast so lustig wie ihr!«,
rief er stolz.

Die Affen grölten, und einer klaute mit seinem Schwanz den Hut von Fritz Ferkels Kopf und warf ihn einem anderen zu.

»Mmmh, o ja, wirklich ein lustiger Hut! So was hätten wir gern jeden Tag zum Spielen!«, riefen die Affen und kümmerten sich gar nicht um Fritz Ferkel, der wütend in der Mitte stand. »Aber wenn du geduldig bist, kannst du ihn wiederhaben, wenn wir fertig sind!«

Fritz Ferkel sah zu, wie die Affen seinen Hut höher und höher in die Luft warfen. Für kleine Schweine ist es gar nicht so einfach, geduldig zu sein, aber Fritz Ferkel wollte seinen Hut unbedingt wiederhaben. Also beschloss er, es zu versuchen.

Der Arme! Es war furchtbar langweilig …

Die Affen spielten stundenlang, denn es machte solchen Spaß, Fritz Ferkel zu ärgern, sagten sie.

Aber Fritz Ferkel war wirklich geduldig, also bekam er seinen Hut.

»Na endlich!«, seufzte er, verabschiedete sich von den Affen und trottete davon. »Ich bin ein ganz schön geschicktes, mutiges und geduldiges Schwein, und ich habe meinen Hut wieder!«

Am nächsten Tag war
es kalt draußen. Fritz Ferkel
ging wie gewöhnlich spazieren und trug
einen winzigen, weichen Klein-aber-fein-Hut.
Da entdeckte er plötzlich eine Maus. »Mit meinem
Hut bin ich fast so klein wie du!«, sagte er stolz zu der Maus.

Die kleine Maus schniefte und sah zu dem Hut hinauf. Langsam rollte ihr eine kleine Träne übers Gesicht.
»Ja, was hast du denn?«, fragte Fritz Ferkel.
»Mir ist kalt und ich habe kein Haus. Dein Hut sieht so warm und gemütlich aus. Der wäre genau richtig, darin könnte ich mich in den Winternächten zusammenrollen.«

»Was, du willst in meinem Hut schlafen?«, quiekte Fritz Ferkel entsetzt.
»Ach, nein«, sagte die kleine Maus, »ich weiß, das wäre wirklich zu viel verlangt …«

Fritz Ferkel sah der Maus hinterher, die traurig davonschlurfte. Für kleine Schweine ist es gar nicht so einfach, großzügig zu sein, und Fritz Ferkel hatte keine Lust, seinen Hut zu verschenken. Aber er beschloss, es trotzdem zu tun.

Es war schön. Die Maus bedankte sich und wollte seine Hand gar nicht mehr loslassen, denn Fritz Ferkel sei so nett.
»O ja«, sagte Fritz Ferkel, »ich bin ein ganz schön geschicktes, mutiges, geduldiges und nettes Schwein … und mein Hut ist weg!«

Glücklich und ohne Hut ging Fritz Ferkel nach Hause …

und machte sich sogleich ans nächste Wunderwerk!

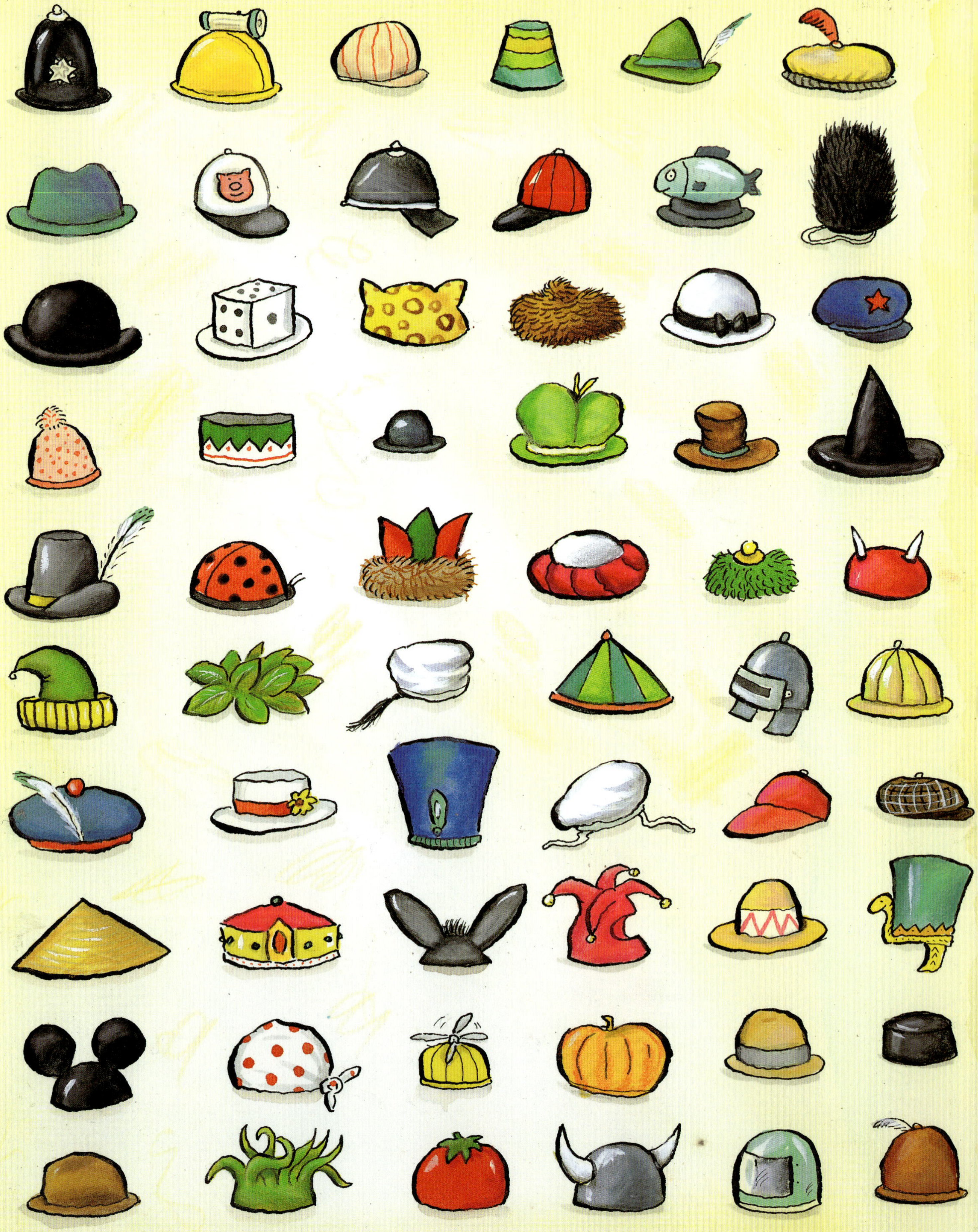